El libro
de los
colores

Sophie Benini Pietromarchi

thule

La danza del color   4

Los básicos 82

4

La danza del color

¿De
qué trata
mi libro de los
colores?

Preferiría
responder colo-
reando plácidamente
más que con palabras. He
manchado esta gran página en
blanco con tinta azul, pero lo ideal
hubiera sido no poner una sola
palabra. El color habla por sí mismo
mejor que las palabras. Puedes
sentir los colores, hablan
directamente a nuestro
corazón.

Puedo decirte, por
ejemplo, que el verde está
hecho de amarillo y azul, y es bueno
saberlo, pero al fin y al cabo, eso no te
hacer sentir el color verde.

Imagina que tengo que describir el aroma
del café. Podría pasarme una vida entera
diciéndote cómo es y aún así no tendrías
ni idea de cómo huele. Haz una taza
de café y huélelo con los ojos
cerrados... ¡Ahora sí sabes
cómo es!

Mi intención es conseguir que
conozcas de verdad los colores. Que
los conozcas íntimamente por ti mismo.
No solo a través de las palabras, sino
jugando con ellos. Es la única manera de
trabar una buena amistad.

Mis palabras van a envolverte
en un baile alrededor del color y
por eso he decidido llamarlo
LA DANZA DEL COLOR.

Es una danza
en la que no tienes
que usar los pies, sino
los ojos, la memoria, los
sentidos y muchas otras cosas
inesperadas... Todas ellas
arremolinadas en torno a
ese misterio que son
los colores.

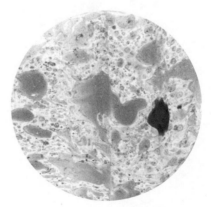

Hay dos formas de
acompañarme en este
libro. Si eres del tipo práctico,
que quiere saber cómo hacer los
colores antes de explorarlos, te
recomiendo ir directamente al
capítulo 7 (página 84) y luego
volver al principio.

Si ya conoces
los principios básicos
de los colores o deseas
aprender la danza del
color, quédate conmigo
y te acompañaré en
este viaje.

¡Vamos!
Nuestra primera
parada es EL PAÍS DE
LOS COLORES DE
LA INFANCIA

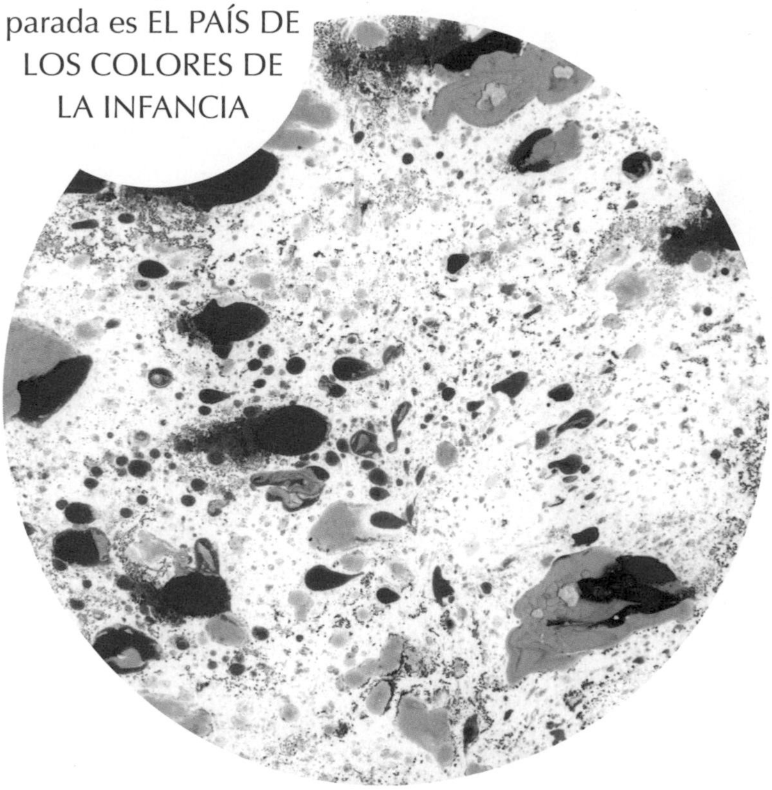

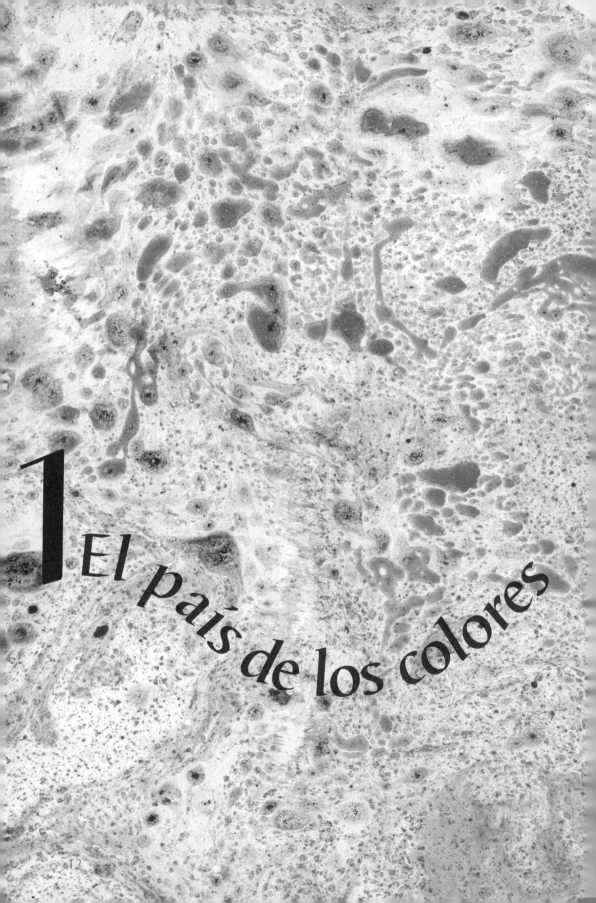

1 El país de los colores

de la infancia

1.1 Recordar sentimientos

Déjame contarte sobre mi país de los colores de la infancia.

Cuando niña, viví en un pueblo de España, siempre iba descalza. El suelo era polvoriento y al caminar mis pies levantaban una polvareda. Estaban cubiertos por una fina película, del color de la niebla, como si fueran los pies de una estatua de yeso. Después me los lavaba en la fuente y tomaban el brillante y reluciente color de la piel húmeda.

• *Luego aprendí que cuando aplicas una fina capa de blanco sobre colores secos, parece fino polvo que da lugar a una leve película que atenúa el color original.*

Mi madre es escultora. Una vez, mientras modelaba mi cabeza con arcilla, quise escapar de la habitación. Ella soltó una risa y me retuvo con sus manos manchadas de arcilla gris oscura. Cuando se le secaron los dedos, tomaron un tono gris claro.

• *Algunos colores se vuelven más claros al secarse.*

En España, mi merienda era una enorme mitad de tomate con sal. Era tan grande que casi no me cabía en las manos. Era de un rojo vivo. Al echarle la sal, veía cómo esta se volvía transparente al contacto del jugoso fruto. Me parecía magia.

• *Puede hacerse transparente un color añadiéndole agua. Haz tu propia magia consiguiendo hacer aparecer y desaparecer un color con solo añadir agua.*

15

Cuando busco un recuerdo verde, viene a mi memoria el césped sobre el que se tumbaba mi padre con los brazos abiertos para dormir la siesta.

• *El verde, para mí, es la cálida sensación de paz de mi padre en una tarde soleada.*

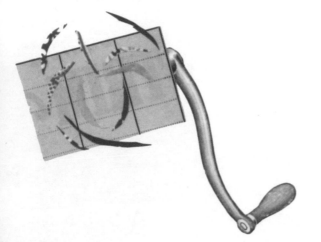

Recuerdo un juguete de mi hermano con el que yo también solía jugar: era una caja abierta en la que podíamos clavar una postal blanca. Tenía un motorcito que al ponerse en marcha hacía girar la postal. Vertíamos algunas gotas de pintura sobre la postal que daba vueltas (amarillo, azul, rojo, morado, verde) y luego apagábamos suavemente el motor. ¡Era asombroso! Aparecían las imágenes más increíbles.

• *Creo que así fue como aprendí a perder el miedo a usar el color. También aprendí a parar a tiempo, porque si vertía demasiada pintura, el resultado era un revoltijo.*

Me resulta imposible evitar la asociación del negro con
el ruido atronador del carbón al ser arrojado a la estufa
por la noche. Mi padre se levantaba en medio de la
madrugaba para alimentar la estufa y la lluvia de trozos
de carbón solía interrumpir nuestros sueños.

• *Así me di cuenta de que el color puede estar relacionado
con el sonido, aunque también con otros sentidos: vista,
olor, tacto y sabor.*

El rosa me recuerda a los caramelos que solía
comprarme después del colegio, que siempre
volvían rosada mi lengua.

• *Cuando veo algo rosa, me recuerda el dulce
sabor de este color.*

Ahora trata de regresar a la primera vez en que te fijaste
en los colores. Quizá estabas en un prado y al levantarte
quedaron marcas verdes en tu ropa. Quizá te sorprendió
la intensidad del rojo de la sangre, aunque fuera un corte
pequeño. Recupera y guarda esas sensaciones, son muy
importantes.

1,2 Mezclarlo todo

¿Alguna vez has cubierto de fango un palo? ¿O has vertido zumo en un plato? Al hacerlo, ¿te fijaste en cómo cambiaron de color? Tendrás que hacerlo con mucho cuidado, pero a todos nos encanta mezclar cosas y crear pociones mágicas.

sabe a la perfección lo importante que es asegurarse de mezclarlos bien y en el orden adecuad

Cada cual tiene sus propios ingredientes especiales: tierra, ortigas, musgo, guijarros, flores, fango...

Mezclar colores es como crear una poción. Cada ingrediente tiene su propio poder y se comporta a su manera. La forma de mezclar colores produce colores distintos, cada uno con su personalidad. Podrías, por ejemplo, usar un verde ortiga para crear una poción venenosa. O podrías prepararla con un amarillo fangoso.

Piensa en los colores como si fueran personajes con personalidad propia. Ahora, inventemos algunos y veamos qué poderes tienen.

2 La danza de la palabra

y sus coloridos protagonistas

Empecé comentándote que no quería hablar demasiado. Pero hay algo que debo mostrarte y para ello necesito palabras, muchas palabras. Forma parte de mi danza del color. Ahora danzaré con palabras y con algunos personajes que he inventado. ¿Quiénes son y de cuántas clases hay? Pues ¡son colores!

Ahora no hace falta que hagas nada, solo déjate llevar, deja que mis palabras jueguen en tu mente un rato y te sorprenderá lo que puede suceder.

2.1 El Dragón Rojo

EL ROJO ES UN DRAGÓN de sangre caliente, que es cálido y rojo, casi fuego. Puede ser cariñoso, pero también disfruta con la violencia y el derramamiento de sangre. Devora granadas, fresas y ¡sí, tomates! En las noches de luna roja, lleva una capa carmesí que es la envidia de los reyes. Escupe fuego con gran dignidad, expulsando feroces brasas de oro candente, sin reparar en su feroz aspecto. Pese a sus adornos, nunca conoció a Santa Claus, aunque sí le prestó a Caperucita Roja su corona alada. Al dragón le encantan los caramelos de pimiento rojo. Por las tardes toma la siesta en un campo de amapolas y, al despertar, con las pasmosas alas caídas observa el llameante atardecer.

Cuando va a la ciudad se para aturdido ante las luces de tráfico. Tienes que entenderlo: es impulsivo, pero sabe adónde no debe ir, como si una señal en su mente le diese el alto.

Ahora que ya conoces un poco el personaje, comprenderás que salpicar con un poco de rojo el papel es como invitar a venir al fogoso dragón. De manera que aplicar amarillo sobre el rojo dragón produce un cálido naranja. El azul transforma el agresivo dragón en un más pacífico violeta. El blanco lo suaviza en un encantador rosa. Si un poco de dragón toca al negro, lo cambia de oscuro a marrón, el color de la tierra.

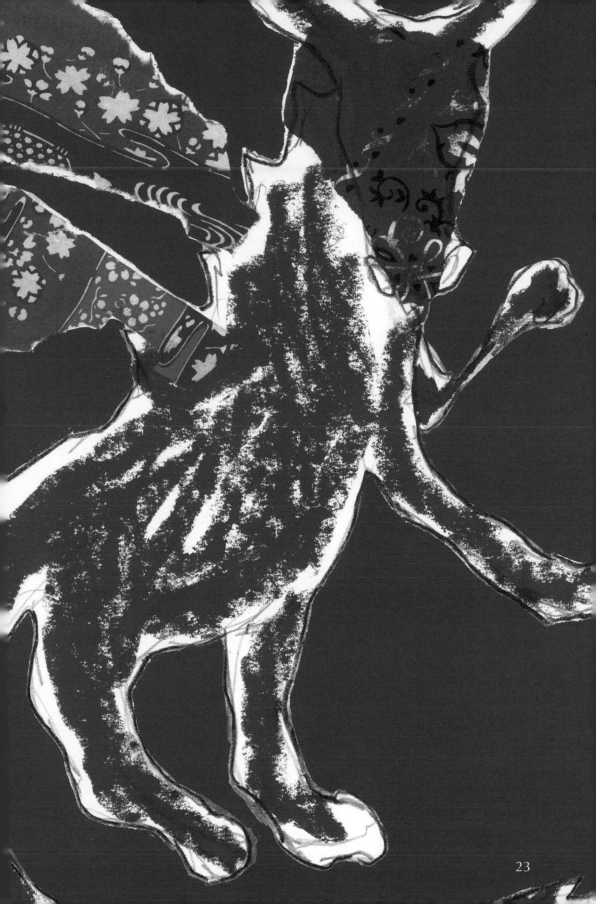

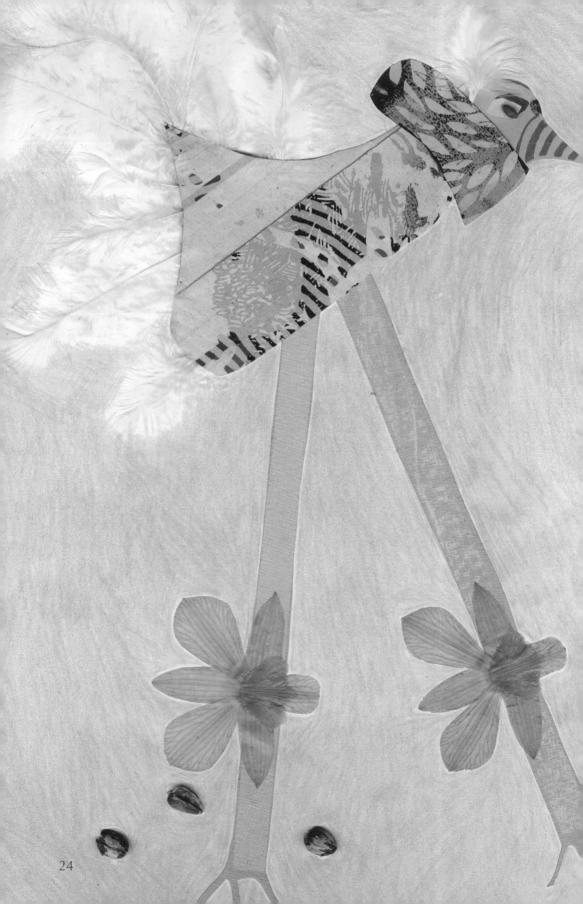

2.2 El Ave del Paraíso Amarilla

EL AMARILLO ES UN AVE DEL PARAÍSO que esparce un perfume floral. Sus ojos son dos linternas luminosas y vive en un castillo de paja con un millar de habitaciones. Se adorna el cabello con polen. Su cama está hecha de girasoles y sus almohadas son de plátanos y limones. Le encanta picotear mazorcas de maíz. Vuela sobre rayos de luz y, a veces, cuando se acerca al sol, su canto se vuelve dorado. Puede relampaguear como un rayo o relumbrar con un fulgor delicado según cambian las estaciones.

Cuando añades una plumita del ave amarilla a otro color, le das brillo en secreto. El verde se vuelve luminoso: fresco y nuevo, como brotes recientes. Una pizca de amarillo en el rosa lo sube a un elegante salmón. Lanzar una pluma de amarillo en el azul nos da turquesa, el color de los pavos reales. El amarillo en el negro resulta inesperado, intenso e interesante.

2,3 La Gran Pluma Azul

LA GRAN PLUMA AZUL en verdad es multicolor. Flota
a través de la noche y sube hacia los cielos. Queda a la
espera del momento exacto en que aparece una línea entre
el mar y el cielo al nacer el día. Entonces vuela por el cielo
azul, evitando las nubes blancas, cruzando océanos, ríos
y lagos, recogiendo los destellos del hielo polar para al fin
posarse en un vaso de agua y agitarlo con un frío intenso.
Alegre y veraniego, también es malhumorado y en las salas
sombrías se vuelve oscuro y triste.

Una pluma azul enfría al resto de los colores, pero también les da un toque serio e intenso, como un infinito cielo estrellado. Da complejidad al amarillo, calma al rojo y lo convierte en un misterioso púrpura, el naranja se apaga como una hoguera agonizante. Una pizca de azul vuelve celestial al blanco, pero al negro lo deja enojado y resplandeciente.

2,4 El Ángel Blanco

EL ÁNGEL BLANCO bebe leche con vainilla en vasos helados, aderezada con azúcar y sal. Le encanta la música sonriente, pero también puede palidecer de miedo. Va a la deriva entre las nubes, dejando un ligero manto de nieve que cubre la tierra como harina. Vive en la niebla, en la brumosa luz del alba, cuando desaparecen los castillos en el aire. Sabe de la Vía Láctea, del pelo de los sabios y del blanco del ojo. Borda telas de algodón de azúcar. Es puro y abierto, y arroja luz allá por donde va.

El blanco puede atenuar otros colores. Hay que tener cuidado con él o si no tu hoja se volverá brumosa. Ayuda al amarillo a fluir y resta brillo al negro.

2,5 El León Negro

EL LEÓN NEGRO es fuerte y elegante. Ruge en la tormenta oscura y cuando bosteza pueden verse las estrellas entre sus fauces. Le encantan las cuevas, los jarrones y las profundidades del mar. Cuando tiene un día negro, se cubre con plumas de cuervo y se abanica con un paipay de alas de escarabajo. Cuando se calma, se desliza graciosamente sobre senderos entintados que se convierten en líneas de caligrafía. La melena del León Negro está formada por las sombras del mundo y es capaz de sacar de la nada otras nuevas con un chasquido de su cola.

El negro atemoriza a los otros colores cuando ruge y rasga el papel al pasar. Nadie se atreve a replicarle. El malva no existiría sin él.

2,6 El Caracol Marrón

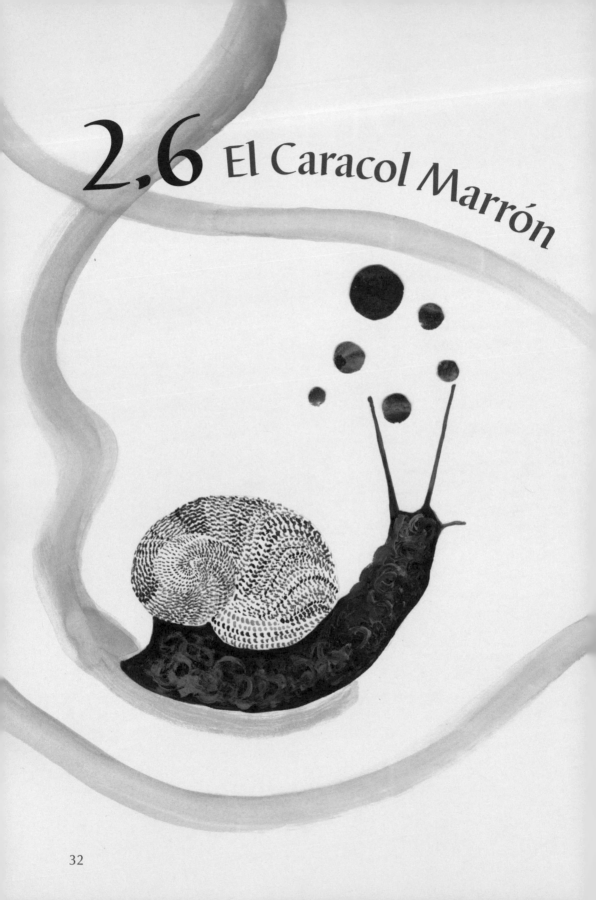

EL CARACOL MARRÓN deja un rastro brillante entre las hojas marchitas. Está hecho de caramelo y café. Serpentea sin prisa por interminables caminos, se desliza sobre un reguero de babas, abrazando a la tierra. Tiene un don para el tiempo, porque es demorado y antiguo.

El marrón envejece a los otros colores. Les resta lozanía y frescura, como si se hubieran arrastrado lentamente durante mucho rato, como un caracol.

3 La jaula del color

Ahora que te has introducido en el mundo de los colores, prestemos atención a tu caja de pinturas.

Hummm…, las pinturas de la caja, ¿no te parecen pájaros enjaulados? Las pobres criaturas no saben adónde ir, no conocen nada del mundo exterior. Así que vamos a liberarlas y ver adónde vuelan.

3.1 La danza de la mirada

¿Cómo pueden liberarse los colores encerrados? Usando los ojos. Mira… MIRA… ¡MIRA A TU ALREDEDOR! Mira fuera de la caja. No tengas miedo, deja que tu mirada baile sobre lo que te rodea.

Eso es parte de la danza de la mirada.

Cuando estás absorto es como fantasear sobre las cosas que tienes delante de ti. Concéntrate, fíjate en los detalles, pero no te prives de divagar si se da el caso. Fija tu atención muy suavemente, sin forzarla. Libera tu imaginación de la caja. Empezará a deambular por su cuenta y hará todo tipo de conexiones inesperadas, entre colores, luz, estados de ánimo y sensaciones. Atesora estos momentos cuando sucedan.

La belleza es fugaz. Está durante un momento y de repente se desvanece, como un gato. Cuesta mucho recuperar la experiencia, pero hay una forma de al menos retener una parte: piensa en ella otra vez, pero ahora recuerda los colores. Atrapar el sentido del color nos ayuda a ralentizar la belleza cuando pasa rauda a nuestro lado. Así conseguiremos prolongar el momento.

De manera que tendrás que aprender a mirar dos veces. La primera con asombro y la segunda recordando los colores. Esa es la clave que puedo darte ahora: la mirada doble, que contempla dos veces. Es como ir dos veces a un lugar. Vamos allá.

3.2 El bosque de color

El color está en todas partes, pero también en nosotros, en nuestras mentes.

Dedícate a recoger diferentes objetos como si fueran tesoros. Luego clasifícalos por colores en un tablero. No seas muy riguroso ni demasiado benévolo, solo sé sistemáticamente juguetón y pronto verás que estarás dándole sentido a la amalgama de colores que te rodea. Este sistema no tiene principio ni fin, solo es un orden, tu orden.

Al hacerlo, notarás que tu mirada vagará de un objeto a otro tranquilamente, sin pensar demasiado. Luego, al mirar a lo lejos y volver al tablero, te darás cuenta de que habrás creado algo muy preciado: un pequeño santuario del color, un lugar para pasar el tiempo mirando y meditando, un lugar de contemplación, por así decirlo. Es tu propio bosque de color.

¿Quieres echar un vistazo a mi santuario?

MARRÓN

BLANCO

AMARILLO

43

NARANJA

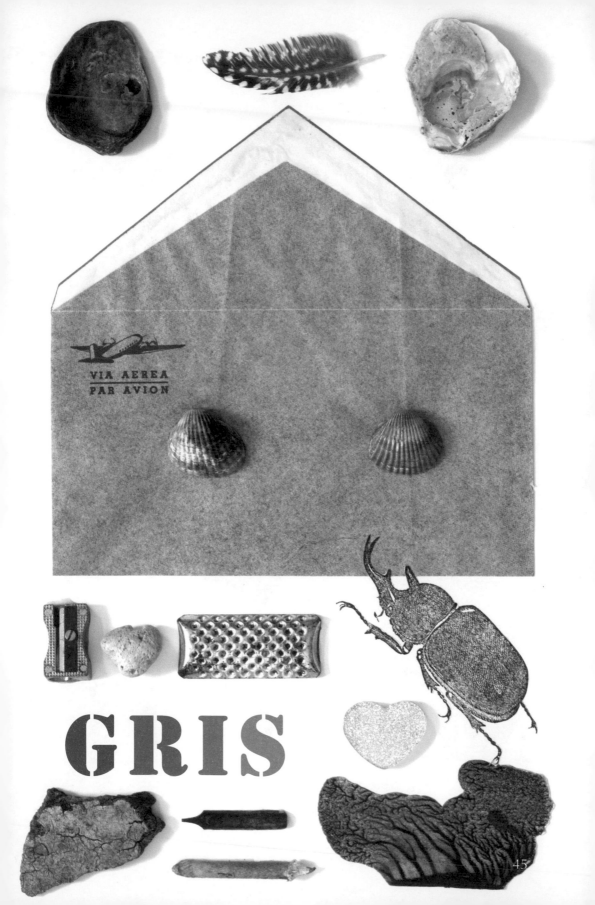

VIA AEREA
PAR AVION

GRIS

45

NEGRO

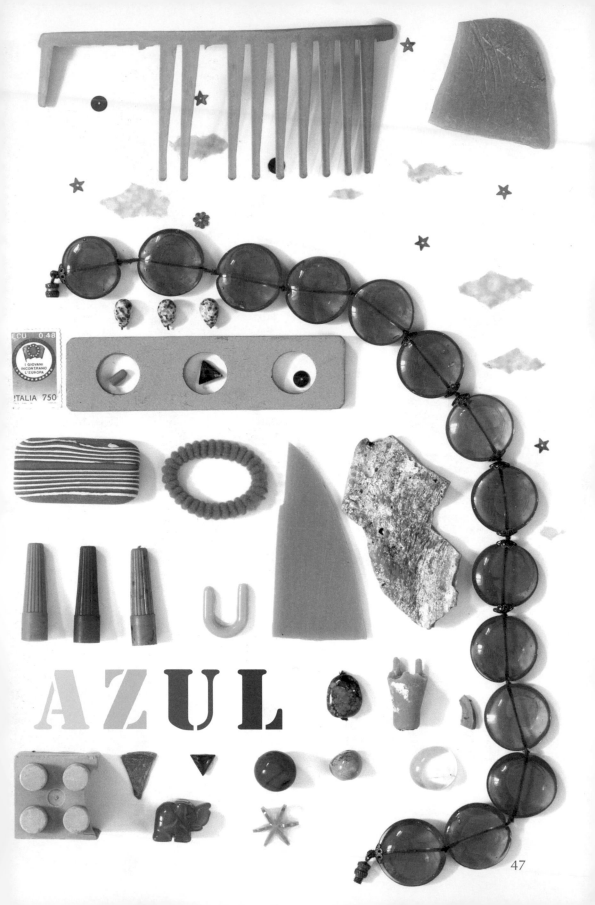

AZUL

ROJO

VIOLETA

ROSA

AMOUR

VERDE

4 Naturaleza

4.1 El explorador de imágenes

Otra manera de coleccionar colores es a través de las imágenes: con fotografías y dibujos. Puedes crearlas tú mismo o recopilar las imágenes hechas por otros.

Pueden ser lugares cercanos, de la naturaleza
o de la ciudad.

Es genial pasear por un sitio, fijarse en un detalle,
tomar una foto o escribir rápidamente una nota en
una libreta…

Para un explorador de imágenes, todo, hasta la pared
más aburrida o una puertecita amarilla, es interesante.

El color está en todas la cosas, en las plumas de un pájaro,
en un sueño, en una película…, incluso puede aparecer en
una sensación vaga.

Empezarás a pensar en los significados y a crear vínculos. Al hacerlo, los colores te llevarán de viaje a través de todos esos reinos.

4.2 Poner patas arriba la naturaleza

Que la naturaleza es una explosión de color no es nuevo para la mayoría de nosotros, así que se me ocurrió mirarlo de otro modo.

Quiero volverlo todo patas arriba e imaginar colores imposibles, que nunca podríamos encontrar en la naturaleza. Así que mi danza del color en este caso te mostrará que los colores «equivocados» pueden producir todo tipo de efectos: pueden debilitar una imagen o, por el contrario, mejorarla y fortalecerla. Aquí tienes algunos colores imposibles, tú sabrás qué hacer con ellos.

El Lobo Rosa es impactante, pero ha perdido toda su ferocidad y dudo mucho de que sea capaz de helar la sangre de cualquiera que se lo encuentre.

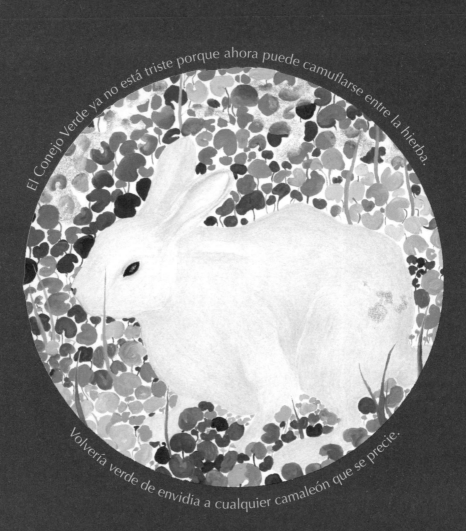

El Conejo Verde ya no está triste porque ahora puede camuflarse entre la hierba.

Volvería verde de envidia a cualquier camaleón que se precie.

¿Y el Rinoceronte Naranja? Me parece tan dulce... y un entusiasta de los malvaviscos.

El Chihuahua Azul parece nieve que se derrite en la primavera.

Cuando menea la cola suena como la campanilla del heladero.

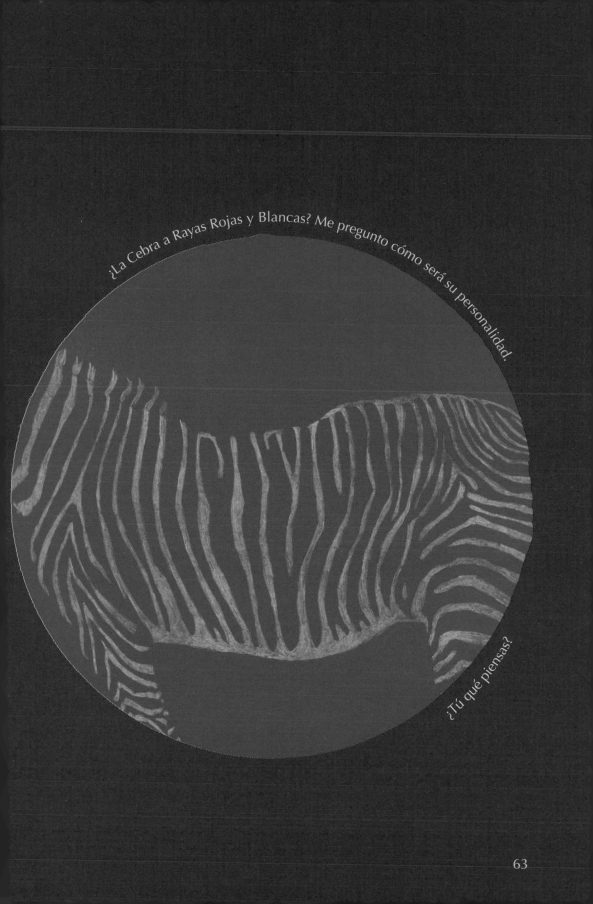

¿La Cebra a Rayas Rojas y Blancas? Me pregunto cómo será su personalidad.

¿Tú qué piensas?

El Elefante Amarillo recoge polen con la trompa y se lo esparce por encima como un manto. Es la gran atracción de las abejas.

5 Estados de ánimo

Los colores se asocian con los estados de ánimo de diversas formas. Veamos algunas de ellas.

5.1 Sentimientos

Ahora que hemos jugado con colores «equivocados», creo que la danza del color te ayudará a ver los colores reales. No hay que olvidar que los colores cambian constantemente. En buena parte depende de la hora del día, el tiempo, las estaciones: un cielo negro vuelve a los colores oscuros y lúgubres, mientras que bajo un cielo azul claro los colores son más alegres. En cierto modo, esto también se aplica a los estados de ánimo de las personas....

Vincular estados de ánimo y colores es algo que hacemos instintivamente, incluso desde niños. Recuerdo una vez en que regañé a mi hermana pequeña, Matilde. Se quedó callada, pero luego me entregó un dibujo con enormes garabatos negros. ¡Había dibujado nuestra pelea usando unos resentidos pintarrajos! No tuve más remedio que rendirme y hacer las paces.

5,2 El color de los rostros

Siempre estamos «leyendo» los rostros de los demás; aunque no estén hablando, miramos su rostro y nos damos cuenta de si están enfadados, tristes o alegres. Hasta nos damos cuenta de si nos dicen que están contentos pero en realidad no lo están.

También sucede con las fotos. Puedes leer muchas cosas en un retrato, si miras con atención. Por ejemplo, en este de aquí sería correcto decir que sus ojos sonríen, aunque la mano tape la boca. Su sonrisa es tímida y juguetona. ¿Qué clase de persona es? ¿Qué dice el resto de su rostro? ¿Qué edad tiene? ¿En qué piensa? ¿Adivinarías qué cosas le gustan?

Podría decirse que mi danza del color te invita a hacerte preguntas personales. Pero también te anima a tener curiosidad, una estupenda cualidad, sobre todo para leer colores como leemos rostros. Es completamente posible: mirar a los colores y entender cómo están hechos, qué sensaciones y estados de ánimo pueden indicar. Cuando consigas todo eso, podrás usar los colores como una expresión personal y crear tu propio mundo.

Mira este amarillo. Para mí es un amarillo muy denso, como si dentro contuviera algo más oscuro, algo casi tan antiguo como una vieja yema de huevo de tono muy intenso. Los bordes son más claros y luminosos. Me recuerda al azafrán, las especias, la India.

He preparado un breve examen para preguntarle al amarillo y lo he contestado poniéndome en su lugar, así te harás una idea de cómo funciona este ejercicio.

¿Qué color eres?

Amarillo

¿Qué tonos tienes?

Podría decirse que voy del dorado al ocre oscuro.

¿De qué otros colores estás hecho?

Diría que una nota de rojo, mezclada con un amarillo terroso.

¿Qué pensamientos provocas en la gente?

¿En un huevo roto hace mucho tiempo?

¿Qué puedo hacer contigo?

Podrías pintar algunas flores o una casa de un amarillo difuminado.

¿Con qué tipo de pintura estás hecho?

Témpera, pero también puedes usar acrílico.

Estoy convencida de que se te ocurren más preguntas. Al hacer el ejercicio por tu cuenta, no tengas miedo de usar muchas palabras. Cuantas más palabras, mejor lo habrás entendido.

5.3 El color de los sentimientos

Sigamos emparejando estados de ánimo y colores con nuestra danza del color y veamos hacia dónde nos lleva.

Observa a esta niña tan tímida, parece que está mirando a un adulto y que se muerde el labio inferior, nerviosa.

Colores tímidos

Algunos colores muestran esa misma timidez: los pasteles, que contienen porciones de blanco. Rebajan el tono original y hace a los colores más delicados, menos llamativos.

Colores que desentonan

Este muchacho muestra una mueca de disgusto y si miras los colores que lo envuelven quizá tú también hagas una mueca. No es que sean terribles en sí, solo que no combinan. Parece que se están peleando cuando se ponen juntos. Así que ten en cuenta que el efecto que producen los colores al combinarlos es tan importante como los propios colores.

BIG EVENT

Colores sonrientes

La risa ilumina este rostro. Y los colores a su alrededor también están contentos, son alegres, intensos, directos.

75

6 Catálogo de colores

Una forma de conocer un amplio abanico de colores consiste en ponerles nombre. Los nombres son como tiras de papel que mojas en los colores para saber cómo son. Puedes inventar tus propios nombres: divertidos, fantasiosos, alocados...

6.1 Nombres de colores

Aquí tienes una lista de nombres de mi parte del mundo, en Europa. Estos colores pueden llamarse de forma distinta donde vives. Intenta encontrar los equivalentes y haz la lista de tus colores locales.

Aguamarina (azul verdoso pálido)
Azul Prusia (azul oscuro)
Azul aciano (azul claro)
Papel de azúcar (azul agrisado)
Azul ceniza (azul, gris y blanco claros)
Tórtola (beis, rosa, gris y blanco)
Salvia (gris verdoso)
Gris perla (un color nacarado)
Niebla de Londres (gris)
Hoja de té (de azul a verde)
Verde esmeralda (como una gema)
Verde musgo (verde brillante con una pizca de gris)
Verde oliva (verde amarillento)
Berenjena (de púrpura a marrón)
Añil (azul intenso purpúreo)

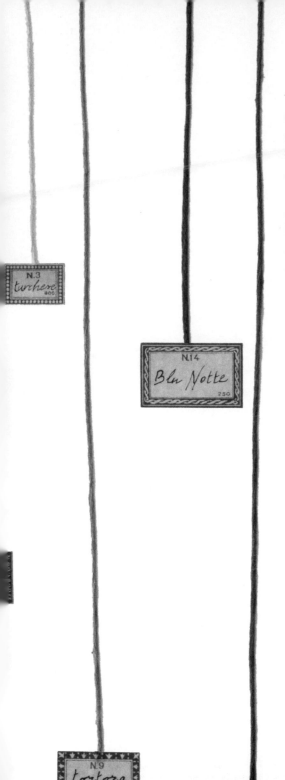

Turquesa (azul)
Ocre umbra (marrón muy oscuro)
Chocolate (marrón intenso)
Amarillo champaña (pajizo luminoso)
Amarillo canario (amarillo brillante)
Amarillo limón (amarillo ácido)
Amarillo espárrago (amarillo pálido)
Azufre (amarillo suave)
Azafrán (amarillo·vivo e intenso)
Mostaza (amarillo con un punto ocre)
Amarillo taxi
Cereza (como el fruto)
Rosa melocotón (como el fruto)
Rojo cárdeno (como la ropa de los cardenales, un rojo intenso y brillante)
Coral (rojo con rosa anaranjado)

6,2 Colores personales

He inventado un juego con la danza del color que ayuda a mezclar, crear y relacionar los colores a tu manera. Necesitarás dos canastillas, una con una lista de palabras al azar y otra con nombres de colores.

Dibuja dos o tres palabras de la canastilla de las palabras y una de los colores.

Supongamos que ha salido el color AZUL y que la primera palabra es DEBAJO, ¿qué te sugiere? ¿Algo suave y claro? Pinta un trozo de este color.

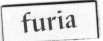

Si la siguiente palabra fuera FURIA, ¿qué te sugiere azul furioso? ¿Oscuro? Piénsalo y píntalo. Ahora combina los dos colores que has pintado, mezclándolos o pintando uno sobre otro. Entonces habrás inventado un nuevo color: ¡AZUL FURIA DEBAJO!

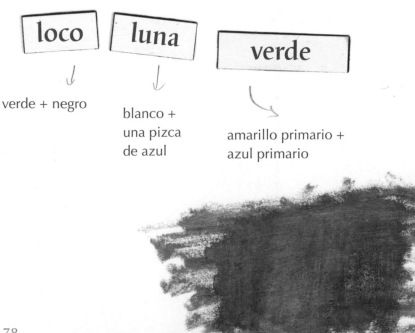

loco
↓
verde + negro

luna
↓
blanco +
una pizca
de azul

verde
↘
amarillo primario +
azul primario

reina → antiguo y clásico – rosa + ocre umbra

oculto → rosa + blanco

rosa → rojo primario + una pizca de blanco

Puedes llenar cuadernos enteros de colores inventados y según avances te harás una idea de cómo funcionan los colores por capas y cómo buscarlos. Al vincular colores con diferentes tipos de palabras, verás que se relacionan no solo con la vista, sino también con los sentimientos, las ideas, el tacto, los olores y el entendemiento.

El azul puede oler a sal, tal como se oye el mar en una caracola. El rosa puede saber a azúcar. El rojo es como tocar una plancha caliente. El verde recuerda al césped recién cortado. Estas son mis conexiones personales, las tuyas serán distintas. Un color puede ser una experiencia muy personal, porque se asocian a tus sensaciones de una forma difícil de explicar, a cómo ves, sientes, tocas, hueles y conoces. Lo único que debes recordar es que los colores reflejan las cosas que les rodean y todas las cosas reflejar el color.

amable   silencio   amarillo

↓   ↓   ↓

distraído   amarillo primario
– amarillo + blanco

misterioso, así que cambia
el tono con un color
complementario
– amarillo primario + color
complementario púrpura

jardín
otoño
agudo
astro
sensación
contento
nido
calabaza
no
volver
llamada
con
mar
traer
familia
chica
niño
bueno
tirar
alas
deseo
anotó
flor
tifón
monstruo

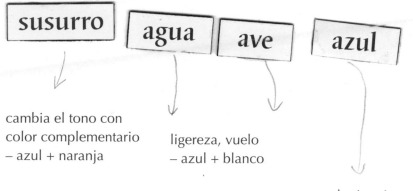

susurro

cambia el tono con
color complementario
– azul + naranja

agua   ave

ligereza, vuelo
– azul + blanco

azul

azul primario

Por cierto, si no sabes hacer colores básicos, ve al
siguiente capítulo, que te dará consejos prácticos
sobre cómo crearlos y cómo trabajar con los colores
complementarios. Luego vuelve a este capítulo.

Los básicos

7 Los básicos

Hasta ahora hemos hablado de cómo relacionar colores de forma personal. Conocer de verdad los colores puede ser un viaje muy emocionante.

Pero al mismo tiempo, sabemos que los colores poseen ciertas cualidades, algunas características, y se comportan entre sí de una determinada manera. Si conoces los colores básicos de este sistema, tendrás el dominio sobre su uso y la libertad de disponer de ellos a tu conveniencia.

7.1 Colores primarios

Para empezar a usar pinturas, consigue dos vasos de agua. Uno para aclarar tu pincel cuando hayas acabado con un color; según lo vayas usando notarás que el agua se enturbia. Cámbiala entonces.

Pero el otro vaso de agua es para aguar las pinturas, después de haber aclarado el pincel. Es importante mezclar con el color la cantidad de agua adecuada, ya uses una caja de pinturas, una paleta o la tapa de un bote de pintura. La pintura debe ser fácil de extender y no demasiado aguada.

Necesitarás un trapo para quitar el exceso de agua.

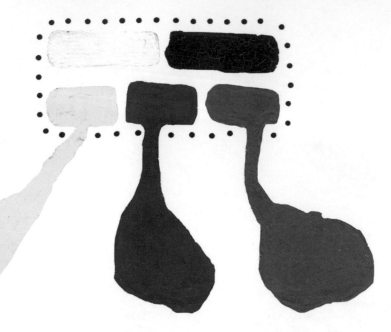

Los colores básicos se llaman COLORES PRIMARIOS.
Son el AMARILLO, el ROJO y el AZUL. Además,
necesitarás BLANCO y NEGRO.

A partir de ellos se hacen los COLORES SECUNDARIOS:

El azul, el amarillo y el rojo varían en proporción en
cada color, algunos tienen más y otros menos de cada
uno de ellos.

Cualquier color puede cambiar añadiéndole blanco
gradualmente. Observa lo que pasa cuando añades
blanco al color. Algunos colores parecen extraños.

7,2 Colores complementarios

Hay otra forma de restarle brillo a un color, de atenuarlo: puedes mezclarlo con su complementario.

Los colores complementarios no tienen en común a ningún color primario, así que el color complementario del...

AMARILLO es el PÚRPURA

ROJO es el VERDE

AZUL es el NARANJA.

Si mezclas colores complementarios entre sí, consigues tonos enlodados.

Pero si pones colores complementarios uno junto al otro, como ves en la ilustración, cada color se vuelve más vivo. Se realzan cuando no se tocan.

También hablamos de colores CÁLIDOS y FRÍOS.

Rojo, amarillo y naranja son tonos cálidos...

mientras que azul y verde son fríos. Si sintonizas con las sensaciones de calidez y frío, desarrollarás más sensibilidad con los colores y lograrás el tono buscado.

Pero ten cuidado con algunos colores, porque dominan sobre los demás. Para pintar un tono claro, toma primero algo de blanco y poco a poco añade el otro color, hasta que consigas el tono deseado. Al revés no funciona.

Con la experiencia y siguiendo estos principios básicos, podrás descifrar de qué se compone cada color y crear cualquier color que desees con total precisión.

7.3 Fórmulas para tonos de color

Cada color no solo es diferente, sino que además hay infinitud de tonos en cada uno de ellos.

Para enseñarte cómo funciona, he creado algunos cuadros hechos con conchas de colores, con distintos tonos a partir de los colores primarios. ¡Y esto es solo el principio!

7.3.1 Amarillo

El color básico amarillo es la concha mayor. Las conchas 1 a 10 muestran qué ocurre al ir añadiendo gotas de blanco.

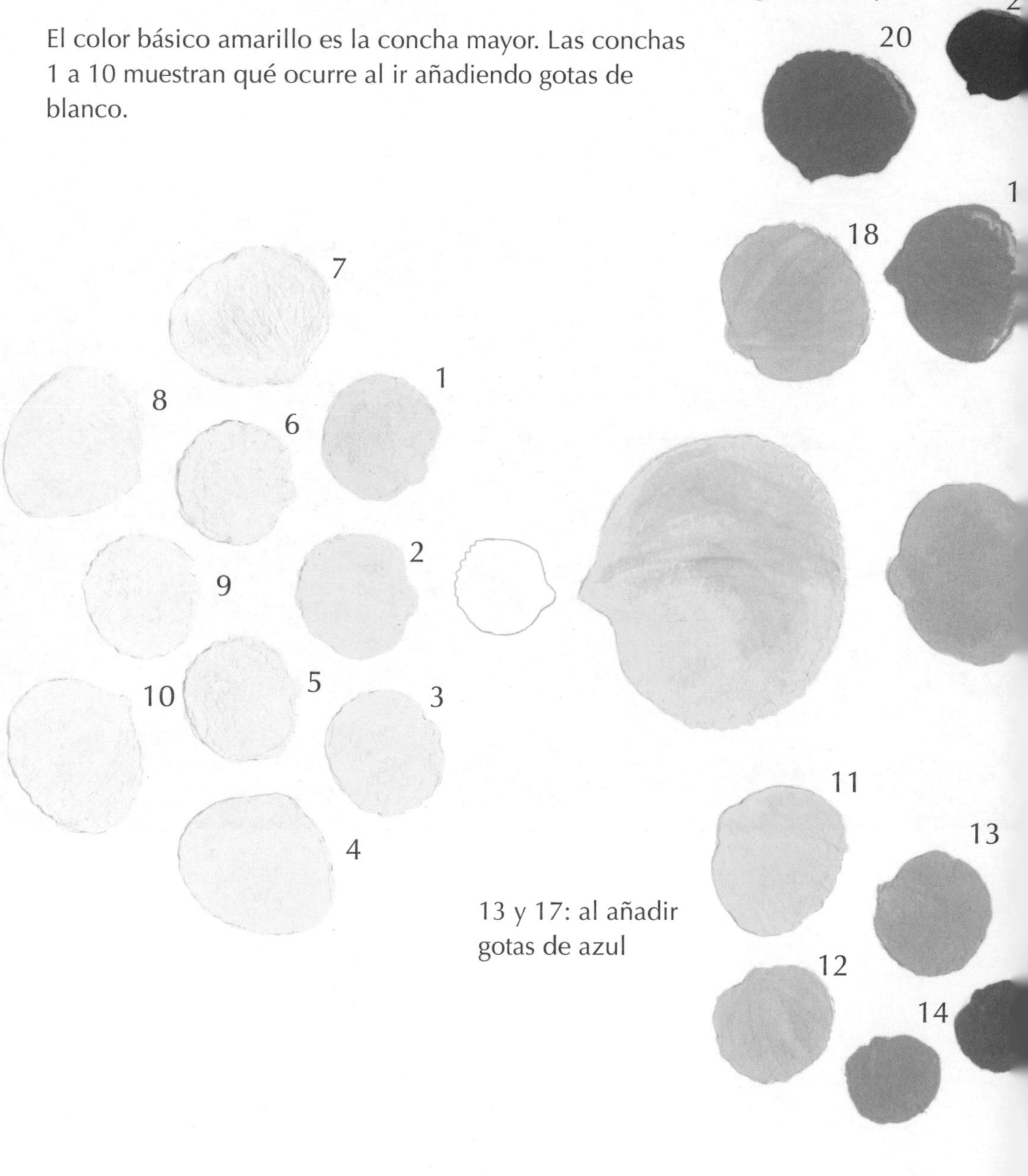

18 a 24: al añadir gotas de rojo

20

22

18

21

7

8

6

1

9

2

10

5

3

4

11

13

13 y 17: al añadir gotas de azul

12

14

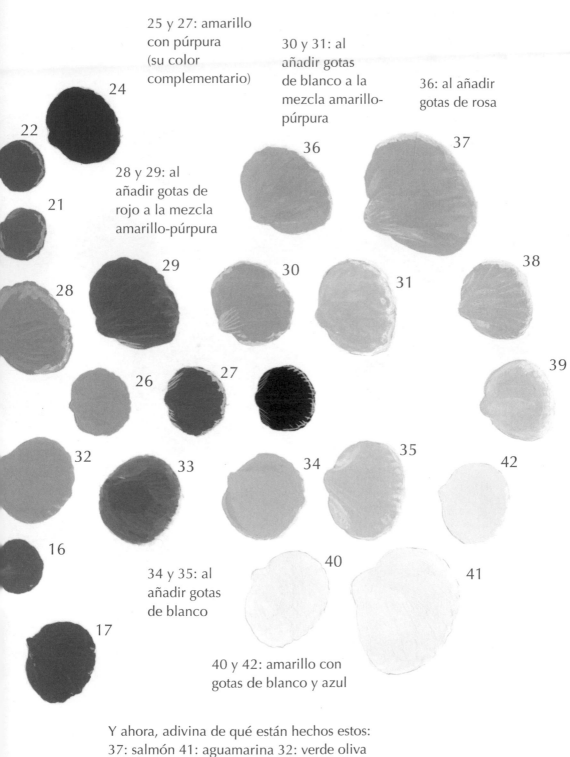

25 y 27: amarillo
con púrpura
(su color
complementario)

30 y 31: al
añadir gotas
de blanco a la
mezcla amarillo-
púrpura

36: al añadir
gotas de rosa

28 y 29: al
añadir gotas de
rojo a la mezcla
amarillo-púrpura

34 y 35: al
añadir gotas
de blanco

40 y 42: amarillo con
gotas de blanco y azul

Y ahora, adivina de qué están hechos estos:
37: salmón 41: aguamarina 32: verde oliva
11: amarillo limón 23: bermellón

7.3.2 Rojo

18 y 24: al
añadir gotas de
amarillo

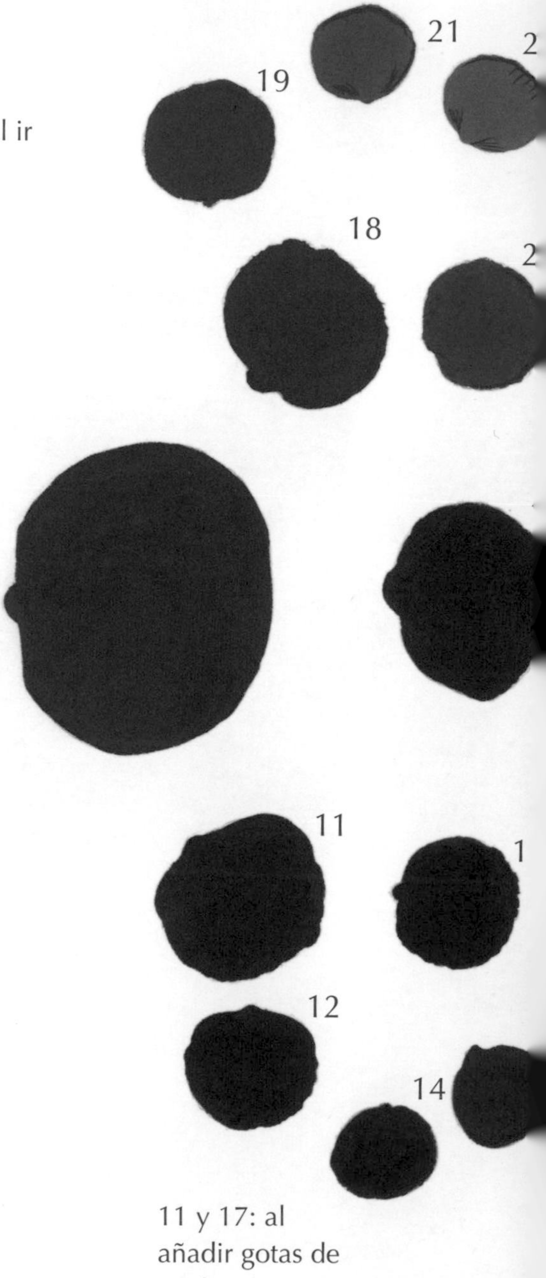

La concha mayor es roja.

Las conchas 1 a 10 muestran qué ocurre al ir
añadiendo gotas de blanco al rojo.

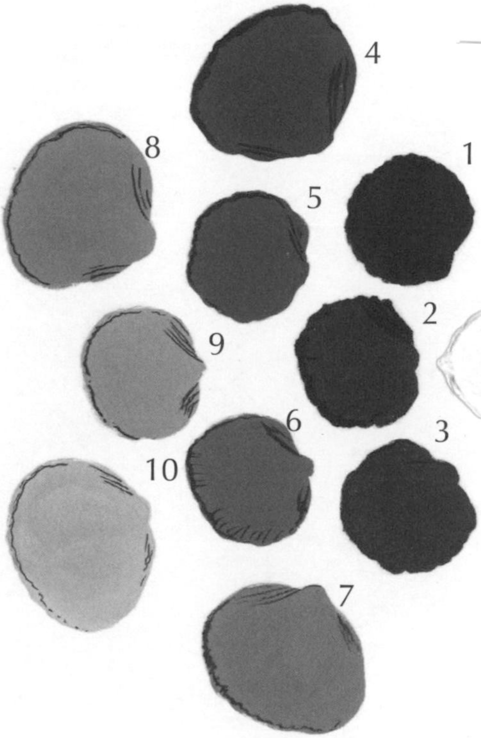

21

2

19

18

2

8

4

1

5

2

9

3

6

10

7

11

1

12

14

1 a 10: al rojo
añade gotas de
blanco = rosa

11 y 17: al
añadir gotas de
azul

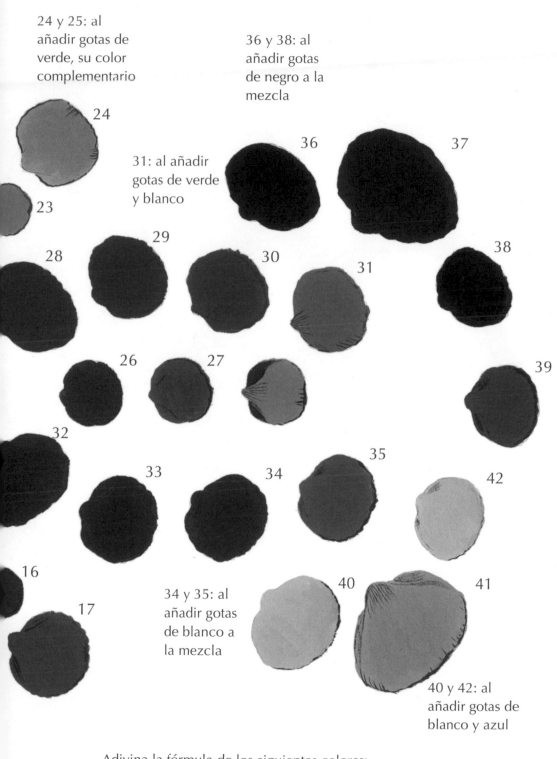

24 y 25: al
añadir gotas de
verde, su color
complementario

24

36 y 38: al
añadir gotas
de negro a la
mezcla

31: al añadir
gotas de verde
y blanco

36

37

23

29

38

28

30

31

26

27

39

32

35

33

34

42

16

40

41

17

34 y 35: al
añadir gotas
de blanco a
la mezcla

40 y 42: al
añadir gotas de
blanco y azul

Adivina la fórmula de los siguientes colores:
39: malva 22: naranja 27: gris 37: marrón 30: óxido

7,3,3 Azul

La concha mayor es azul primario.

De nuevo, las conchas 1 a 10 muestran qué ocurre al ir añadiendo gotas de blanco al azul.

18 y 24: al añadir gotas de amarillo

Ahora adivina cómo se crearon estos colores:
37: añil 42: ultramarino 14: berenjena 21: verde guisante
¿Sabes el nombre del color de la concha 35?
¿Berenjena hervida? ¿Violeta pálido?

11 y 17: al añadir gotas de rojo

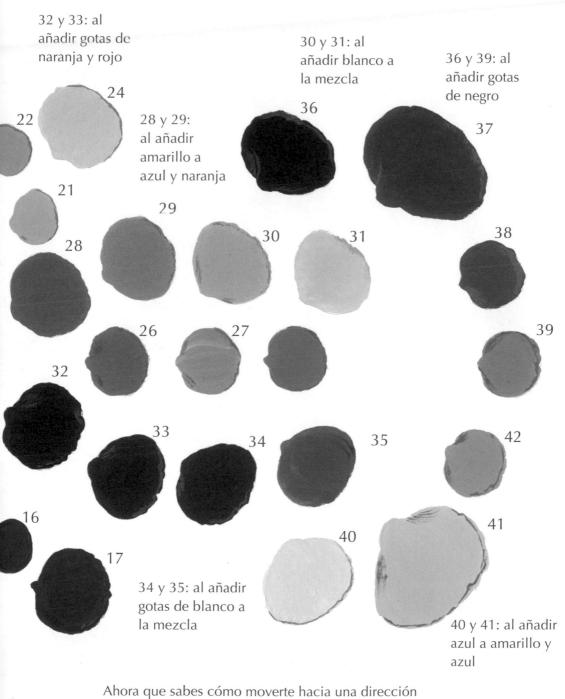

32 y 33: al añadir gotas de naranja y rojo

30 y 31: al añadir blanco a la mezcla

36 y 39: al añadir gotas de negro

22

24

28 y 29: al añadir amarillo a azul y naranja

36

37

21

29

30

31

38

28

26

27

39

32

33

34

35

42

16

17

40

41

34 y 35: al añadir gotas de blanco a la mezcla

40 y 41: al añadir azul a amarillo y azul

Ahora que sabes cómo moverte hacia una dirección concreta añadiendo poco a poco gotitas de color, podemos crear colores juntos.

7.4 Crear un color desde cero

Ahora que ya sabes cómo crear tonos añadiendo gotas de color, creemos uno nuevo.

Prepara tus dos vasos de agua y una superficie dura, como una paleta, para mezclar los colores. Usaremos colores primarios (amarillo, rojo y azul) junto con el blanco. Si quieres, puedes preparar también verde, naranja y púrpura, pero en realidad no hace falta porque ya sabes cómo se hacen.

Quizá te vaya bien algo de negro, pero sé cuidadoso, porque el negro puede arruinar tu mezcla. Yo prefiero usar marrón (ocre umbra) en lugar de negro.

Lo principal que debes saber es que hay que mantener estos colores separados y limpios, que no se mezclen ni emborronen. Solo así conseguirás con precisión los colores deseados.

Prueba a crear este color de aquí al lado:
es un tono de verde, llamado verde jade.
Vayamos paso a paso.

2. A este, añádele blanco para
que se atenúe un tanto. Luego
añade el color complementario al
verde, el rojo, para darle un tono
más enlodado, algo más grisáceo.

1. Primero, usa una base de verde.
Puedes mezclar azul y amarillo o
empezar con un verde preparado.

amarillo
primario

azul
primario

verde

blanco

rojo
(complementario del verde)

blanco

3. Añade otro poco de blanco, si lo quieres más desteñido, o añade verde hasta conseguir el jade deseado.

4. Si prestas atención al jade que he creado, podrás ver que la base es clara, pero que contiene puntos más oscuros.
¿Sabes cómo lo he hecho?

azul   amarillo   azul

8 Cómo crear tus colores

Ahora que sabes cómo funciona, puedes dedicarte de lleno a crear tus propios colores mediante los consejos que te he dado. Sé valiente y ten paciencia, debes ser como una hormiga, con el mismo espíritu de aventura.

Empieza con los colores primarios, ya los conoces de sobras: AMARILLO, ROJO y AZUL.

8.1 Tu laberinto de colores

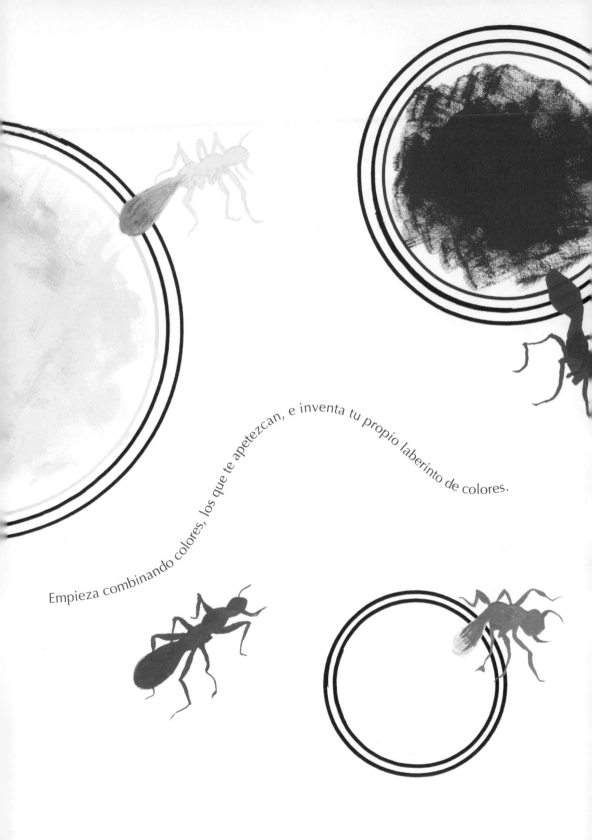

Empieza combinando colores, los que te apetezcan, e inventa tu propio laberinto de colores.

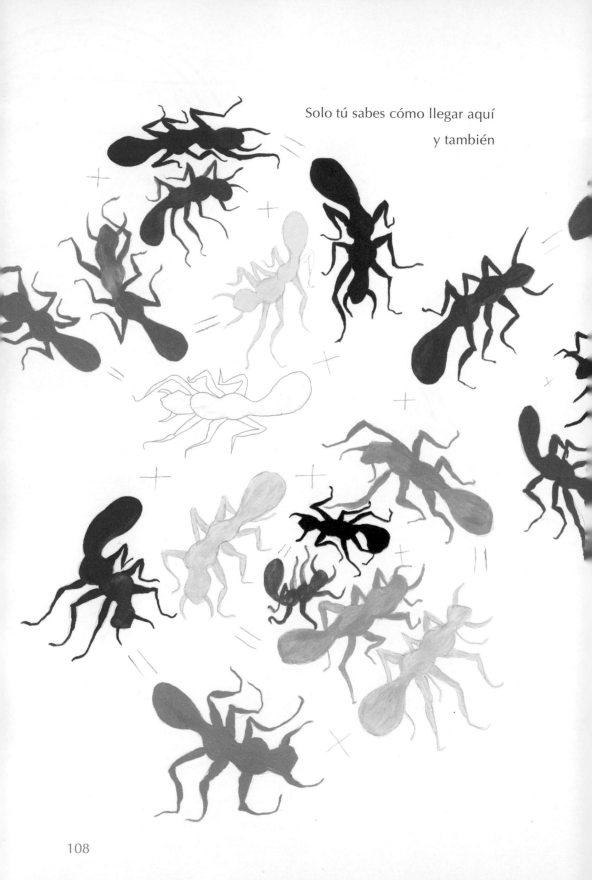

Solo tú sabes cómo llegar aquí
y también

cómo salir.

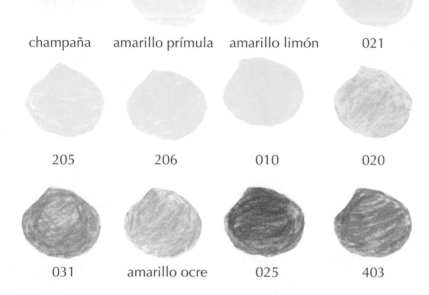

champaña amarillo prímula amarillo limón 021

205 206 010 020

031 amarillo ocre 025 403

8,2 Tu sistema de tonos

Recopila todos las pinturas que poseas: ceras, témperas, rotuladores, acuarelas... Y disponlas a tu alrededor. Hazlo como consideres. Puedes ordenar del amarillo al gris o según tonos de azul o juntarlos por contraste.

Al comprar pinturas, los diferentes tonos pueden llamarse de forma distinta según el lugar: en la India hay un azul pavo real mientras que en Italia hay un rojo Pompeya. La pintura en tubos o en botes también puede venir clasificada por números, así que he indicado los míos por si te sirven.

405 003 coute 402

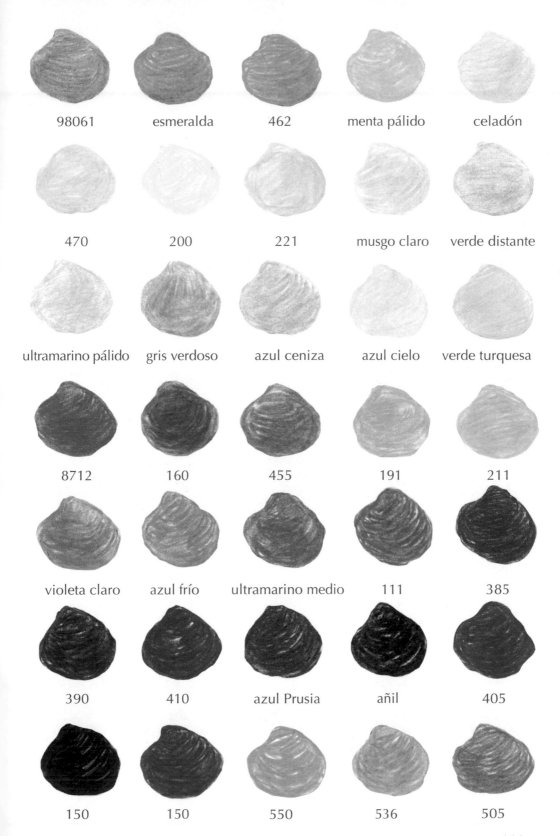

98061	esmeralda	462	menta pálido	celadón
470	200	221	musgo claro	verde distante
ultramarino pálido	gris verdoso	azul ceniza	azul cielo	verde turquesa
8712	160	455	191	211
violeta claro	azul frío	ultramarino medio	111	385
390	410	azul Prusia	añil	405
150	150	550	536	505

Este es tu sistema para hoy. Otro día puedes decidirte por un orden totalmente distinto, según te sientas y lo que quieras hacer. Verás que se disfruta inventando tu propia danza del color. Es divertido ordenar otras cosas por colores, por ejemplo, tu colección de conchas.

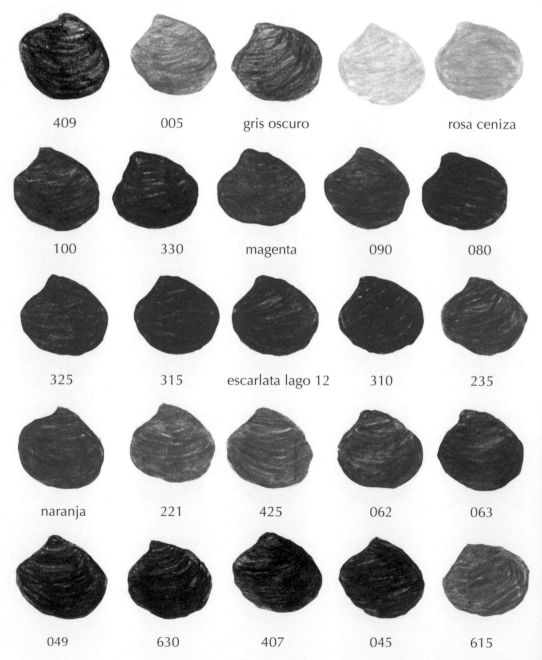

409	005	gris oscuro		rosa ceniza
100	330	magenta	090	080
325	315	escarlata lago 12	310	235
naranja	221	425	062	063
049	630	407	045	615

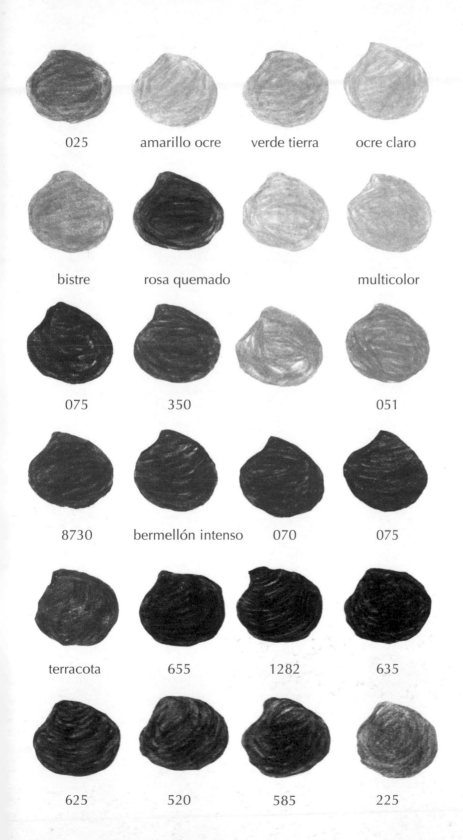

025	amarillo ocre	verde tierra	ocre claro
bistre	rosa quemado		multicolor
075	350		051
8730	bermellón intenso	070	075
terracota	655	1282	635
625	520	585	225

8.3 Retrato de tu caja de pinturas

Ahora que has ordenado tus pinturas, ¿por qué no pintas un retrato de la caja que las contiene, incluyendo todos y cada uno de los colores? Este ejercicio te ayudará a familiarizarte con las distintas gamas y tonalidades, y te servirá como un mapa del color de referencia.

Puedes hacer un mapa diferente por cada tipo de color que elijas:

uno para las témperas, por ejemp

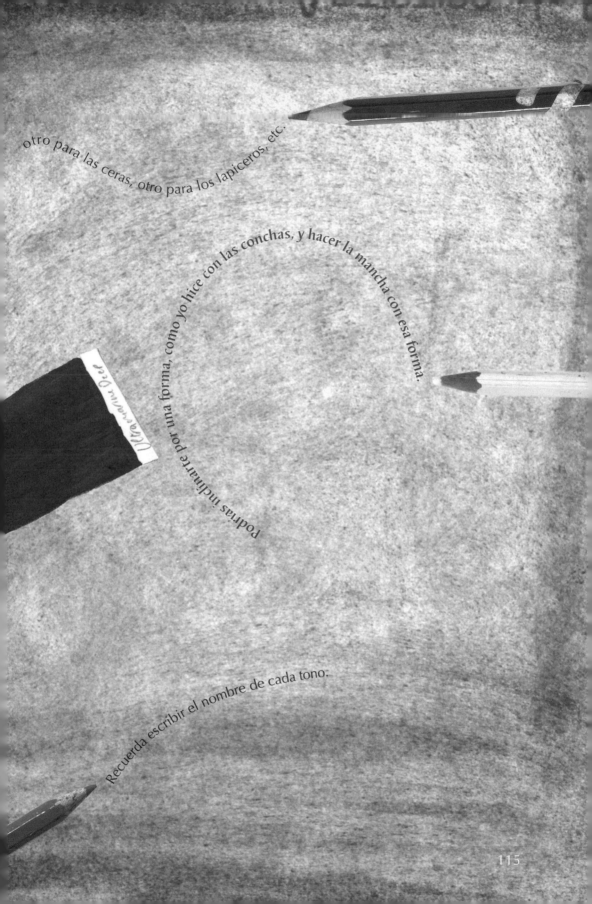

otro para las ceras, otro para los lapiceros, etc.

Podrías inclinarte por una forma, como yo hice con las conchas, y hacer la mancha con esa forma.

Ultramarine Deep

Recuerda escribir el nombre de cada tono.

116

9 Tus nuevos ojos

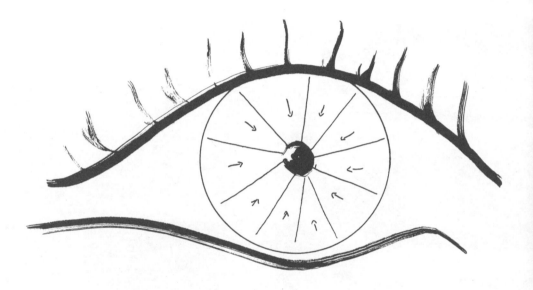

Una vez que ya te son familiares los distintos tonos, prueba lo siguiente: dibuja en una hoja un ojo, como este de arriba. Divide el iris en porciones. Luego recorta en revistas tonos de la misma familia.

Necesitarás dos formas para cada tono: una cuadrada y otra como las porciones del iris.

Distribuye los papeles recortados en porciones en un orden armonioso dentro del iris y pégalos. Pega los cuadrados de papel en el mismo orden debajo del ojo (en el orden de las manecillas del reloj o al contrario).

Ahora viene el desafío.

Junto a cada trozo de papel, haz el ejercicio de crear ese color, como yo he hecho.

Después, dibuja el ojo en otra hoja y vuelve a dividir el iris en porciones.

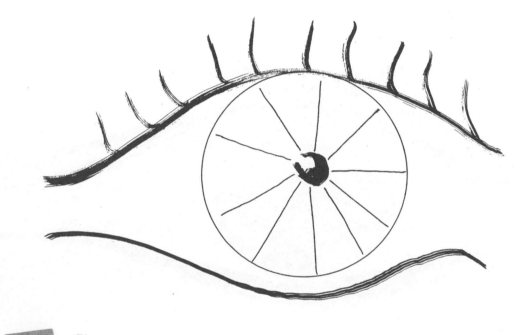

Esta vez, en lugar de pegar dentro del iris tonos de papel, pinta las porciones con los mismos tonos, en el mismo orden del otro iris.

Seguro que los colores no lucirán exactamente igual, pero trata de igualarlos lo máximo posible. ¡Encontrar un color siempre es una revelación!

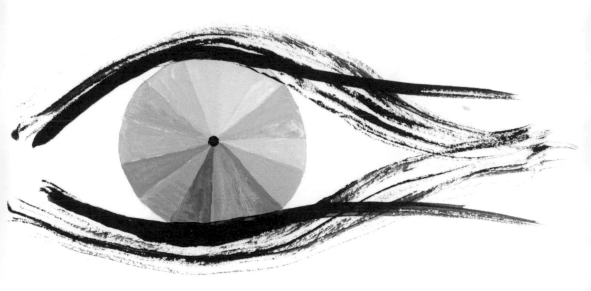

Si logras hacerlo, habrás conseguido tu interpretación personal de los colores. Es una gran sensación.

10 Combinación de colores

10.1 Armonía y contraste

Cuando trabajas con colores, es importante recordar que es bueno mantener cierta distancia entre ellos, un espacio para que «respiren». Estos espacios «sin color» son cruciales a la hora de ver y experimentar los colores. Cuando combinas colores, en realidad estás trabajando en espacios con y sin color.

Lo segundo a remarcar es el efecto que producen algunos colores cuando se ponen juntos. Algunos quedan realzados por sus vecinos, mientras que otros se desvanecen tímidamente. Hay dos maneras de combinar colores: por un lado, mediante la armonía, cuando los colores son de tonos similares; y por otro lado, mediante el contraste, cuando son opuestos entre sí.

Si quiero crear una secuencia armoniosa de colores, pongo un poco del primer color en el nuevo con el que lo mezclo, así consigo una continuidad tonal. O aplico una pizca de color en un lado del papel y otra pizca al lado opuesto, para mantener la unidad. Puedes probar tus propias formas de crear armonía.

Por otro lado, si te encantan los contrastes, pon colores complementarios unos junto a otros. No solo resaltan, sino que parecen querer salir del papel.

Combinar colores poniéndolos unos junto a otros es un arte. Observa cómo lo hace la naturaleza o cómo aparecen en la ciudad, en el arte de diferentes lugares del mundo, en las cosas que te rodean: ropas, paredes... Cada cultura tiene su propia forma de combinar colores.

Incluso dentro de la misma cultura, cada individuo tiene sus propias preferencias. Mi combinación preferida durante años ha sido el rojo o el naranja con el púrpura. También me encanta el amarillo con el gris, así como el naranja con el azul.

Los colores se reflejan unos en otros y el arte de combinarlos siempre es particular de cada uno y está abierto a la sorpresa. Ciertos principios pueden enseñarse, pero combinar colores no, siempre es algo instintivo y solo tú sabes si el resultado te gusta. En definitiva, cada uno puede inventar su propia y especial manera de combinar colores.

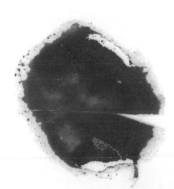

Hay una cualidad
básica que necesitarás
para combinar colores:
la valentía. No tengas
miedo, relaja tu mano
a la hora de buscar la
armonía o el contraste.

Una forma divertida de
combinar colores es
comprar sobrecitos de
plástico e introducir en
ellos diferentes objetos
de colores: telas, papel,
cable, fotos de ropa,
flores secas, fotos de
cuadros, envoltorios...

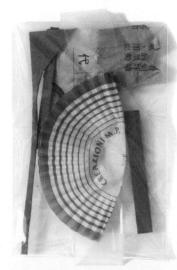

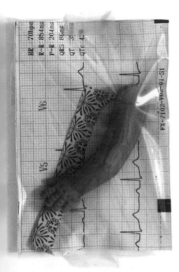

Será tu muestrario de combinaciones de color. Con estas ideas podrás comenzar un proyecto más ambicioso: un libro de colores.

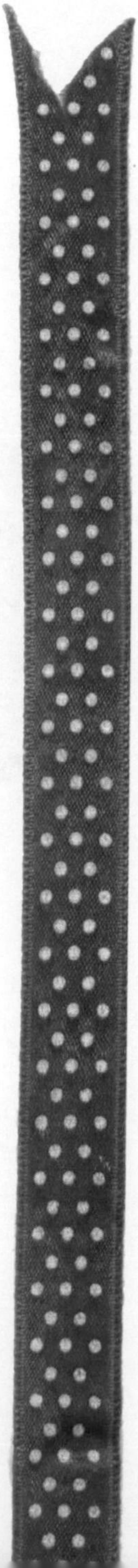

– 106 años

– 55 años

– 30 años

– 25 años

– 12 años

– 9 años

– 6 años

11 Tu propio libro de los colores

La danza del color nos ha acompañado hasta aquí.
Desde este punto tendrás que continuar la experiencia
del color por tu cuenta.

Una buena forma de hacerlo es crear un libro que crezca
contigo, un libro que atesore tus colores y sensaciones,
según cambien y se desarrollen.

Tal vez te hayas fijado en los muestrarios de color de
las casas de pintura. Tu libro sería algo parecido, pero
mucho más personal, algo así como los libros en los
que la gente guarda hojas y flores secas. Tu libro será tu
colección particular de colores, desde tu caja de pinturas
hasta tu registro de sentimientos y emociones... Podrá
estar formado de imágenes, objetos, fotos, cuadros...,
cualquier cosa que forme parte de tu danza del color.

11,1 Hacer el libro

Materiales:

mucho papel de dibujo
(solo por una cara)
cinta de enmascarar
cinta de color
dos cartones

cola
tijeras
acuarelas
témperas
lapiceros de colores
rotuladores

Para crear tu libro interminable, tendrás que doblar las
hojas por la mitad y encintarlas por los bordes, como un
acordeón. Mira estas ilustraciones y verás cómo se hace.
Usa solo una cara del papel.

Para la cubierta, toma los dos cartones, que serán ligeramente mayores que las hojas. Practica unos cortes como puedes ver arriba y pasa la cinta a través de ellos. Coloca el libro acordeón entre las cubiertas y átalas con un lazo.

Con el tiempo, podrás añadir más páginas a tu libro pegándolas a la última. Solo tendrás que dar de sí la cinta que «encuaderna» el libro según vayas añadiendo páginas que engrosen tu libro. Así crecerá contigo.

Si ya sabes qué poner en tu libro, hazlo; si aún te preguntas por dónde empezar, tengo algunas sugerencias para ti.

11,2
Una paleta de recuerdos

¿Recuerdas cuando hablábamos de los recuerdos de la infancia? Ve a la página 12 para refrescarlo y luego escribe tus recuerdos de colores.

Usa tu mejor caligrafía y, si quieres, rotuladores. Piénsalo...

11,3
Pociones mágicas

¿Alguna vez has creado una poción mágica con cosas raras como fango, hierba, flores secas, especias...?

Inventa diferentes recetas de pociones y pégalas en tu libro.

negro

verde

rojo

azul

blanco

púrpura

rosa

amarillo

11,4 Listas

Haz una lista de todas las cosas

amarillas
rojas
azules
naranjas
violetas
verdes
blancas
negras
que conozcas.

Ahora inventa una historia sobre cada color, que contenga personajes, objetos, frutas, estados de ánimo, escenarios. Si necesitas inspiración, vuelve al capítulo que hablaba de los personajes de color (página 20). Pensaba en la señora Amarilla, que lleva limones en una cesta amarilla, o en la sorprendida cabra azul cuya leche es de tinta...

Estoy segura de que puedes inventar toda clase de historias y colorearlas.

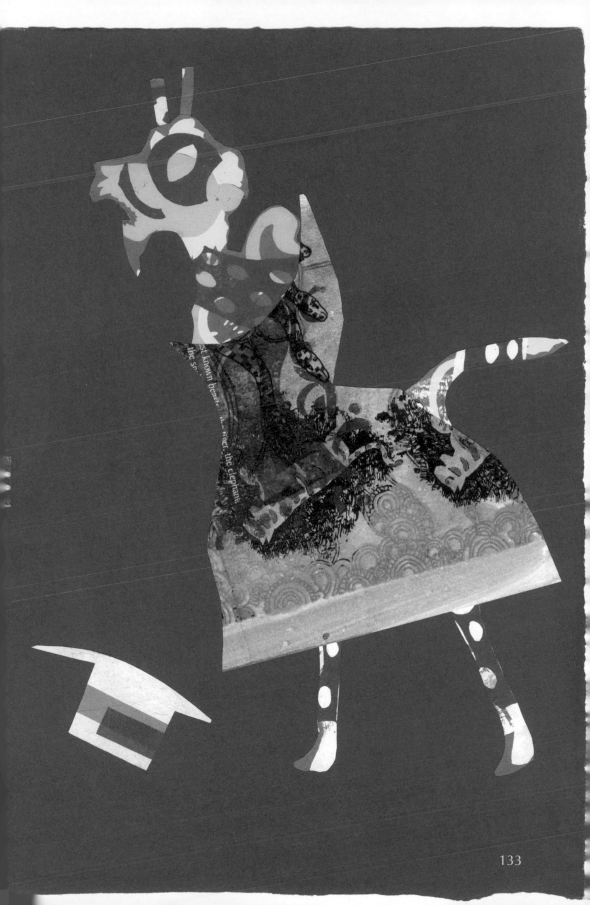

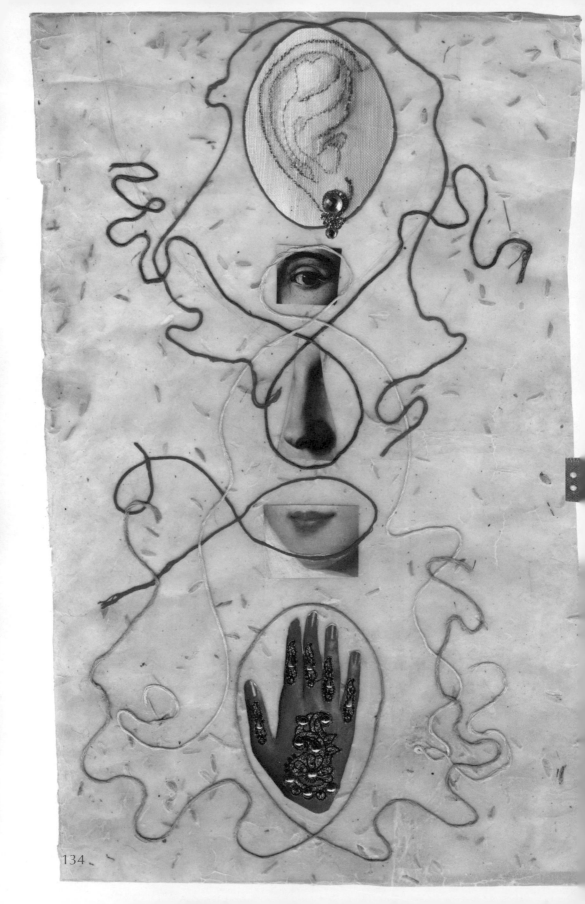

11,5
Los cinco sentidos

Fíjate en estos colores: amarillo, rojo, azul, verde, naranja, púrpura, blanco, negro, marrón y rosa. Luego inventa un olor, un sonido, un sabor y un sentimiento para cada color.

Pinta cada color y escribe estos sentidos al lado.

11,6
La caza

Vives en un mundo muy colorido, explora lo que te rodea según sus colores: la cocina, el armario, los alrededores de tu casa... Luego sal a pasear con una bolsa y recoge cosas que te llamen la atención por su color. Con todas ellas construye un pequeño templo de color (mira el bosque de color, en la página 40, para más ideas).

También puedes cazar colores con una cámara y pegar las fotos en tu libro del color.

11,7
Sueños

Piensa en todos los colores que existen y escribe sobre aquellos que te hagan soñar o viajar muy lejos con la imaginación. También puedes pintarlos.

amor

11,8
Inventos

Inventa colores jugando con las palabras. Para más ideas sobre cómo hacerlo, ve a al capítulo de colores personales (página 78). Cuando tengas los nombres, píntalos en tu libro.

alegría

11,9
Citas

Las palabras de algunas personas pueden ser una gran fuente de inspiración. Anótalas y reflexiona sobre ellas. A mí me encanta recopilar citas de escritores y artistas. Aquí te dejo algunas, seguro que pronto podrás hacer tu propia lista.

«Las nubes llegaron flotando a mi vida, no tanto para transportar la lluvia o guiar a las tormentas, sino para dar color al cielo de mi crepúsculo.»

RABINDRANATH TAGORE

«... Entré en la capilla de Giotto, donde los techos y los zócalos de los frescos son tan azules que es como si el día radiante hubiera cruzado el umbral acompañando al visitante...»

MARCEL PROUST

11,10
Tu laberinto

Ve al capítulo de Tu laberinto de colores (página 106): crea tu laberinto y añádelo a tu libro.

11,11
Retrato de tu caja de pinturas

Ve al capítulo de Retrato de tu caja de pinturas (página 114) y añádelo a tu libro.

11,12
Combinaciones

Ve al capítulo de Armonía y contraste (página 122) y reúne en sobres transparentes elementos del mismo color. Pégalos en el libro y anota al lado lo que te sugieren.

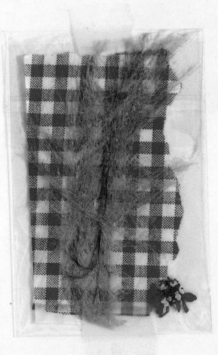

11.13 El final de la danza del color

Aquí acaba la danza del color que quería que bailaras, pero no es más que el principio de la tuya. Solo me queda recordarte que el color está tanto dentro como fuera de ti. Puede ser visible y evidente, o transparente y oculto, dispuesto a ser descubierto. Cuando inventas un color puedes sentir cómo el poder fluye por tu mano para expresar algo que no conocías. Es como pararse ante un cielo azul prístino, radiante de felicidad... No acabamos de comprender por qué, pero nos hace sentir así. Siempre nos debatimos entre la luz y la oscuridad, algunas cosas son claras y otras permanecen ocultas.

. . . . ¡sigue mirando!

Me gustaría dar las gracias a mis hijos, Nichola y Matilde, así
como a mi marido Giulio por sus valiosas aportaciones a este libro.
Cristina Nieto Gonzales me liberó con su sensibilidad. También doy
las gracias a Manuel Nieto Gonzales, Chichita Calvino, Giovanna
Calvino, Sophie Wolkieweiz, Christine Khondji, Benedetto
Pietromarchi, Miguel Fabruccini, Darius Khondji, Azar Nafisi, Lisa
Corti, Emanuela Benini, mi padre y mi madre. A Alice Hodgson
por su elegancia y por animarme firmemente a escribir. Y gracias a
Nathan, un ángel de cinco años que conocí en un vuelo, así como
a Violette. Muchas gracias también a todos aquellos con quienes
conversé sobre los colores.

El libro de los colores
Título original: *The Colour Book*

Primera edición: abril de 2014

Director de colección: José Díaz
Traducción: Aloe Azid
Adaptación gráfica: Jennifer Carná

ISBN: 978-84-15357-53-7
D. L.: B-4125-2014

Impreso en Índice, Barcelona. España.

www.thuleediciones.com